Meine Ferien verbrachte ich in

_____

Mir hat besonders gefallen …

_____

_____

_____

_____

_____

Erinnerungen an:
Australien, Österreich,
Schweiz, Holland, Ostsee,
Russland, Paris, Spanien.
Ordne zu!

Stellt euch eure Erlebnisse gegenseitig vor!

Was hast du Neues erfahren?

Festung Königstein

Trage ein!

D1720437

Mozartkugeln

Eigentum: R. Kesse

Betrachte die Bilder! Finde die passenden Themen dazu im Sachbuch!

Wir erkunden die Wiese mit dem Wiesenbüchlein.

Seite 36

Manege frei

Finde passende Namen für die Zirkusnummern!

Meine Zirkusnummer heißt:

_____

Meine Partner sind:

_____

_____

So soll die Zirkusnummer vorgestellt werden:

_____

_____

_____

_____

Der schwebende Hannes 1

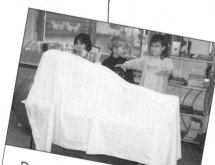

Der schwebende Hannes 3

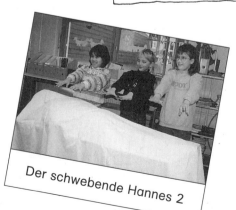

Der schwebende Hannes 2

Der schwebende Hannes 4

3

Ich heiße:

Meine Eltern nannten mich so, weil:

Mein Name bedeutet:

Felix bedeutet der Glückliche. Pauline bedeutet die Kleine.

Kleines Vornamen- buch

Was könnte in deiner Geburtsanzeige gestanden haben?

Wir sind jetzt fünf!
Felix wurde am
3. März 1998
um 18.10 Uhr geboren.
Er wiegt 3 600 g
und ist 54 cm lang.
Eure Familie Richter

Frage deine Eltern, was sich nach deiner Geburt in eurer Familie verändert hat! Schreibe es auf!

Beruf: Kinderärztin

In einer Kartei kannst du Wissenswertes über Berufe sammeln.
Schreibe Wichtiges über den Beruf der Kinderärztin auf!

Berufsbezeichnung: _____

Welche Aufgaben
sind zu erfüllen?

Krankheiten erkennen u.
heilen, Impfungen

Was beeindruckt dich
an diesem Beruf?

_____

_____

Welche typische Arbeits-
kleidung wird getragen?

_____

_____

Welche Geräte oder
Werkzeuge werden
genutzt?

Stethoskop, Thermometer,
Spatel, Blutdruckmessgerät

Bei der Kinderärztin kannst du dich auch impfen lassen. Impfungen schützen dich
vor Krankheiten. Gegen welche Krankheiten bist du geschützt?

Diese Impfungen
werden empfohlen:

1. Diphtherie –
Keuchhusten –
Wundstarrkrampf

2. Kinderlähmung

3. Masern

4. Mumps

5. Röteln

6. Hirnhaut-
entzündung

Vor 20 Jahren erkrankten noch
über 600 000 Menschen an
der Kinderlähmung.
Durch Impfungen
konnte diese Zahl
der Erkrankungen
stark verringert
werden.
Trotzdem gibt es
sie noch.

Lege für den Beruf der Arzthelferin oder andere Berufe, die dich besonders
interessieren, Karteikarten an!

Wofür möchtest du dich bei deinen Eltern bedanken? Bevor du den Dankeschönbrief
auf Seite 45 schreibst, kannst du hier Stichpunkte notieren.

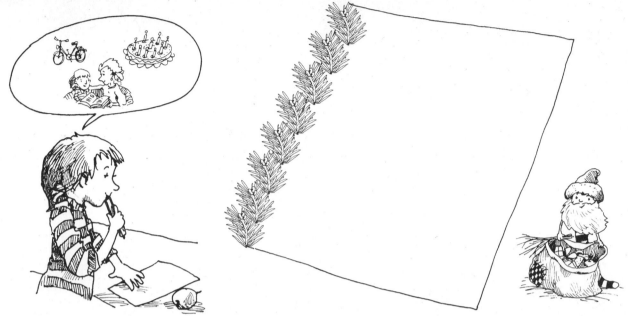

Welche Bräuche werden bei Familie Richter gepflegt? Zeichne oder schreibe sie ein!

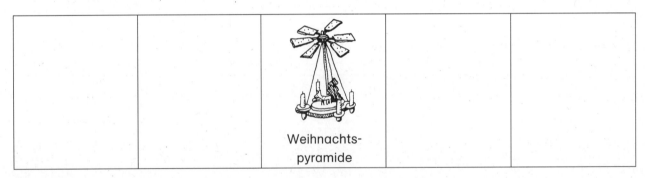

Weihnachts-
pyramide

Schreibe auf, welche Weihnachtsbräuche es bei dir zu Hause gibt!

Welcher Brauch gefällt dir so gut, dass du ihn später in deiner Familie
fortführen möchtest?

Der Fahrradcheck

s. 16

Beschrifte die Fahrradteile, die für die Verkehrssicherheit deines Fahrrades wichtig sind!

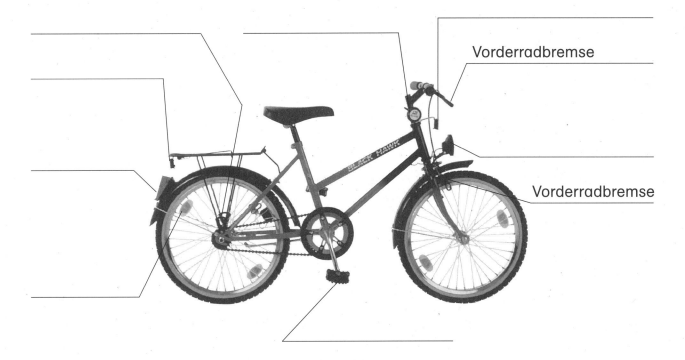

Vorderradbremse

Vorderradbremse

Überprüfe dein Fahrrad mit Hilfe dieser Checkliste!

Fahrradteile	vorhanden	funktioniert nicht	funktioniert
helltönende Glocke			
weißer Frontstrahler			
Vorderradbremse			
Scheinwerfer			
gelbe Pedalstrahler			
Speichenstrahler			
rotes Rücklicht			
Rückstrahler			
Hinterradbremse			
Datum	Unterschrift Kind:	Eltern:	

Diese Verkehrszeichen solltest du kennen. Male sie aus!
Klebe die Bilder und Kärtchen dazu!

Verkehrszeichen	Bild	Bezeichnung und Erklärung	
(Raute)	KLE	KLE	
		KLE	
(Dreieck)	KLE	KLE	
		KLE	
STOP	KLE	KLE	
		KLE	
(Kreis)	KLE	KLE	
		KLE	
(Einfahrt verboten)	KLE	KLE	
		KLE	

Bis zum 11. Geburtstag darfst du auf dem Fußweg fahren. Worauf musst du achten?

_____

_____

Ich lebe mit anderen zusammen

Male und schreibe auf, welche Menschen dich täglich umgeben!

In meiner Familie leben

_____

_____

Meine Nachbarn sind

_____

_____

Das bin ich.

Meine Freundin /
mein Freund heißt

_____

Meine Lehrerin /
mein Lehrer heißt

_____

Meine Freizeit verbringe ich mit

_____

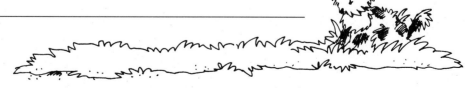

Lies, was Manja über sich geschrieben hat! Schreibe über dich!

Hier kannst du den Brief einkleben!

Beschreibe, was du mit anderen gut kannst! Schau dir an, wie es Mark gemacht hat!

Sorgen ausschütten

jemanden besuchen

helfen

Fahrrad fahren

Hausaufgaben machen

lachen

ins Bett gebracht werden

schmusen

herumtollen

spielen

Gesund bleiben – sich wohl fühlen

Schreibe auf, an welche Gesundheitstipps dich die Bilder erinnern!

Was tust du, um deine Gesundheit zu erhalten?

_____

_____

_____

_____

Sich gesund zu ernähren bedeutet, möglichst abwechslungsreich zu essen.

Umfahre die Abschnitte des Tellers in den Farben des Ernährungskreises aus dem Buch! Kennzeichne die dazugehörigen Lebensmittel mit der entsprechenden Farbe! Trage alles, was du an einem Tag isst, in die jeweiligen Abschnitte des Tellers ein! Vergleicht eure Eintragungen! Sprecht darüber!

Spielt die Geschichte vom verblühten Löwenzahn in Gruppen!

Verblühter Löwenzahn

*Wunderbar
stand er da im Silberhaar.
Aber eine Dame,
Annette war ihr Name,
machte ihre Backen dick,
machte ihre Lippen spitz,
blies einmal, blies mit Macht,
blies ihm fort die ganze Pracht.
Und er blieb am Platze
zurück mit einer Glatze.*

Josef Guggenmos

Zeichnet oder schreibt in die freien Kästchen, mit welchen Gegenständen ihr Geräusche zum Text erzeugen würdet! Was übernimmst du? Kennzeichne es!

Wunderbar	stand er da im Silberhaar.	Aber eine Dame,	Annette war ihr Name,	machte ihre Backen dick,
machte ihre Lippen spitz,	blies einmal, blies mit Macht,	blies ihm fort die ganze Pracht.	Und er blieb am Platze	zurück mit einer Glatze.

Tragt das Gedicht vor! Begleitet es mit Geräuschen!

Hörgeschädigte Menschen können sich mit Hilfe der Gebärdensprache verständigen.
So übermitteln sie den Satz: „Wie heißt du?" Probiere es aus!

Namen zeigen hörgeschädigte Menschen mit dem Fingeralphabet.

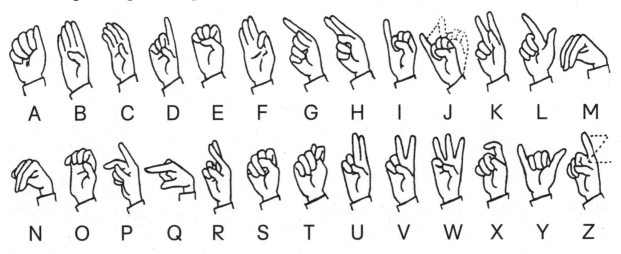

Mit Hilfe des Fingeralphabetes kannst du die Namen der Kinder aus dem Buch
entschlüsseln.

Das ist

_____

Das ist

_____

Denke dir einen Namen aus! Klebe ihn in der Zeichensprache auf!

_____

Dein Partner soll ihn entschlüsseln
und hier aufschreiben.

_____

Schreibe auf, worüber Tillmann Tanzer dem Notdienst Auskunft geben muss!

Wo? _____

Was? _____

_____

Wie viele? _____

Welche
Verletzungen? _____

_____

Wer meldet? _____

Beachte! Den Hörer nicht eher auflegen, bis der Notdienst Zeit zum Fragen hatte!

Spielt die Unfallszene nach und übt die Angaben des Notrufes!
Benutzt dazu ein Dosentelefon! Denkt euch ähnliche Szenen aus!

Was erkunden die Kinder auf der abgebildeten Wiese im Buch? Beschreibe es!
Einige Stationen werden hier vorgestellt.

Suche das Ganze!
Du hast Blüte oder Blatt einer Pflanze bekommen. Finde die Pflanze auf der Wiese!

Wiesentöne
Schließt die Augen, lauscht den Tönen! Hebt für jedes unterschiedliche Geräusch einen Finger!

Wiesenwache
Nähert euch alle leise dem Kind in der Mitte. Das Kind zeigt auf den, den es hört. Er bleibt stehen.

Zählen
Begrenzt ein Wiesenstück mit einem Faden! Entscheidet euch für eine Pflanze. Zählt, wie oft ihr sie dort findet!

Fühlen und Finden
Fühle unter dem Tuch die Blätter einer Pflanze. Finde anschließend die Pflanze auf der Wiese!

Tierdetektiv
Tiere hinterlassen Spuren. Suche Spinnennetze, Fraßspuren, Tierwege …!

*Für die Wiesenerkundung brauchen alle:
einen Insektensauger, das Wiesenbüchlein, das Tierbüchlein,
ein altes Heft zum Pflanzen pressen,
Stifte, Papier und eine Unterlage
zum Schreiben
und Malen.*

Welche Station bereitest du mit vor?
Was muss vorbereitet werden, damit mehrere Kinder an der Station arbeiten können?

_____

_____

_____

_____

_____

_____

Wiesenpflanzen kennen lernen

Suche die Pflanzen, die du schon gesehen hast oder die dich interessieren!
Male sie aus! Nutze dazu das Wiesenbüchlein! Ordne die Wortkärtchen zu!

Bestimme die abgebildeten Tiere mit dem Tierbüchlein!
Male sie aus und ordne die Namenskärtchen zu!

S. 61

Einen Regenwurm beobachten

Führe die Experimente aus dem Buch durch! Schreibe auf, was du beobachtet hast!

_____

_____

_____

_____

_____

Beobachte einen Regenwurm durch eine Lupe!
Beschrifte die Körperteile!
Borsten, Körpersegment, Gürtel

	Klauen Ungeziefer	Spätsommer Jungschaf

Vervollständige die Karten mit Hilfe des Buches!
Ordne die Karten dem Jahreskreis zu!

Dezember

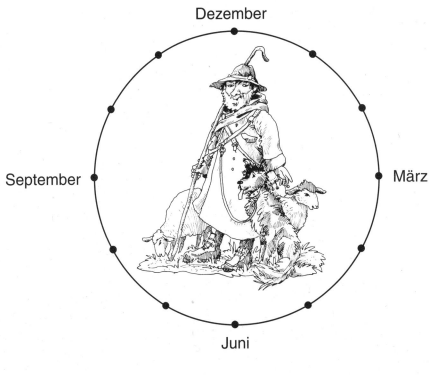

September

März

Juni

*Der Hirte führt die Schafe
mit seinen beiden Hunden
auf die Weiden.
Mit Pfiffen, Rufen und
Zeichen verständigt er sich
mit seinen Hunden.*

Mit den Karten kannst du einen freien Vortrag vorbereiten. Lies die Texte!
Unterstreiche Wichtiges! Notiere es auf der Rückseite!
Sprich mit Hilfe der Stichpunkte frei!

Im Spätsommer können sich die Jungschafe ohne Muttermilch ernähren.	Bevor die Schafe auf die Weide gehen, impft man sie gegen Ungeziefer (Würmer und Milben). Ihre Klauen werden geschnitten.	Den größten Teil des Jahres verbringen die Schafe auf der Weide. Sie fressen Gras und Kräuter.
Im _____ ist die Schafschur.	Die Lämmer werden _____ von der Mutter gesäugt.	Nach 5-monatiger Trächtigkeit des Muttertieres werden _____ die Lämmer geboren.
_____ sind die Schafe im Stall. Dort werden sie mit Heu und Getreide gefüttert.	Während der Deckzeit im November paaren sich der Bock und das Schaf.	

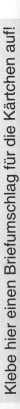

Benenne die Getreidesorten! Beschrifte sie! Trage die Begriffe Ähre, Grannen, Samen-körner und Halm ein. Auf der Rückseite findest du noch weitere Informationen über Weizen, Gerste, Hafer und Roggen. Fertige dir Puzzle an!

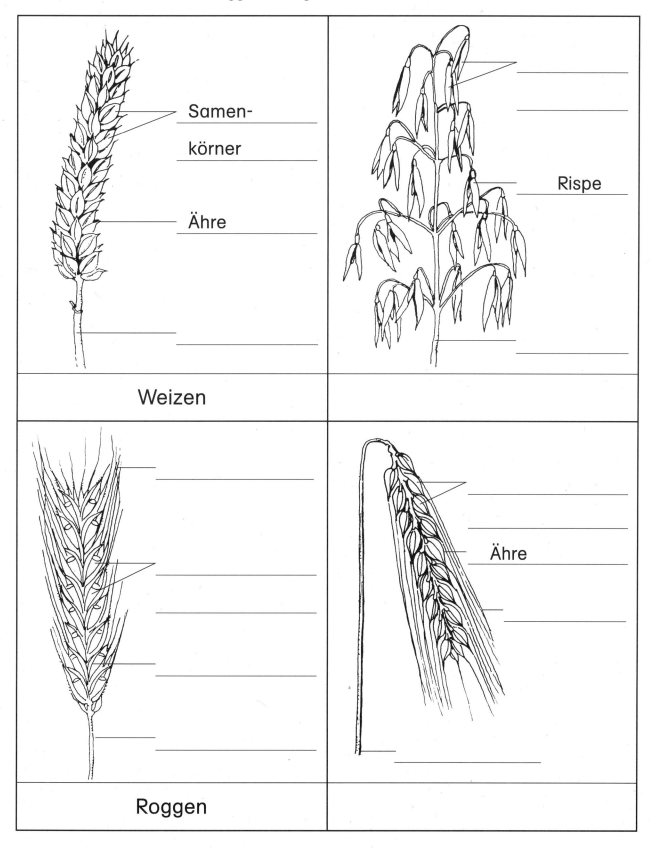

Samen-

körner

Ähre

Weizen

Rispe

Roggen

Ähre

Überprüft euer Wissen so:
Die Getreidebilder zerschneiden.
Von mindestens zwei Bildern die Teile mit
dem Bild nach unten auf den Tisch legen.
Die Teile mischen.

1. Ordnet die Teile nach den Inhalten! Legt sie zusammen!
   Mit dem Bild die Richtigkeit überprüfen.
2. Mehrere Kinder ziehen je ein Teil. Sie lesen laut vor und die zu
   einer Getreidesorte gehörenden Partner finden zusammen.
   Mit dem Bild die Richtigkeit überprüfen. Weitere Varianten sind möglich.

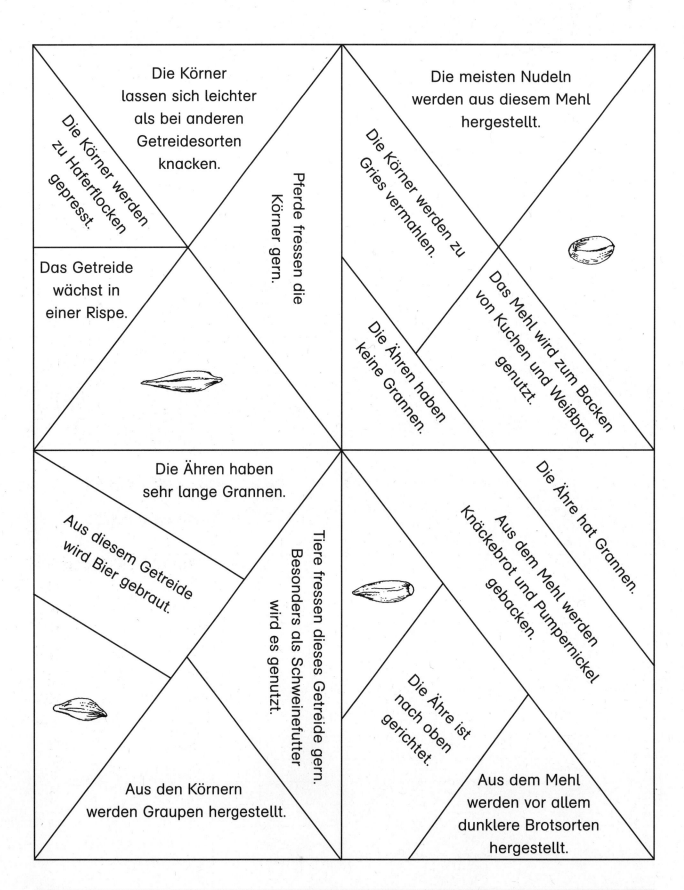

Die Körner lassen sich leichter als bei anderen Getreidesorten knacken.

Die Körner werden zu Haferflocken gepresst.

Das Getreide wächst in einer Rispe.

Pferde fressen die Körner gern.

Die meisten Nudeln werden aus diesem Mehl hergestellt.

Die Körner werden zu Gries vermahlen.

Das Mehl wird zum Backen von Kuchen und Weißbrot genutzt.

Die Ähren haben keine Grannen.

Die Ähren haben sehr lange Grannen.

Aus diesem Getreide wird Bier gebraut.

Tiere fressen dieses Getreide gern. Besonders als Schweinefutter wird es genutzt.

Aus den Körnern werden Graupen hergestellt.

Die Ähre hat Grannen.

Aus dem Mehl werden Knäckebrot und Pumpernickel gebacken.

Die Ähre ist nach oben gerichtet.

Aus dem Mehl werden vor allem dunklere Brotsorten hergestellt.

Die Windrose

Beschrifte die Windrosen! Nutze dazu das Lehrbuch!

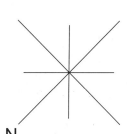

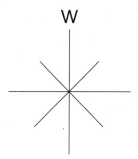

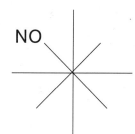

Woher weht der Wind?

Überprüfe, ob du dich gut orientieren kannst! Die Lösung findest du auf Seite 49.

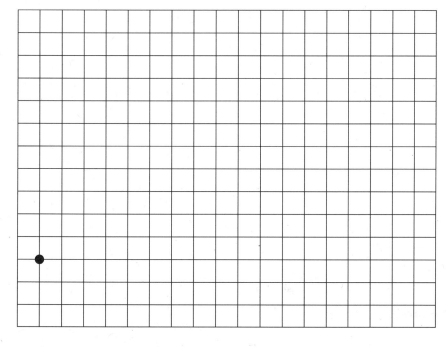

Starte beim Punkt!
Zeichne:

2 Kästchen Richtung		SO
13 K	⇨	O
2 K	⇨	NO
8 K	⇨	W
1 K	⇨	N
7 K	⇨	O
8 K	⇨	NW
8 K	⇨	SW
8 K	⇨	O
1 K	⇨	S
8 K	⇨	W

Schreibe ähnliche Rätsel für einen Partner!

Kein Wasser geht auf der Erde verloren.

Beschreibe den Weg des Wassers!

Nutze die Wortkarten von Seite 61 und klebe sie in den Wasserkreislauf ein

Mit diesen Experimenten kannst du Vorgänge rund um den Regen deutlicher machen.
Führe sie durch und ordne sie dem Wasserkreislauf zu!

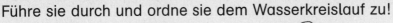

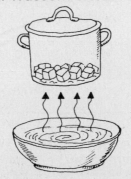

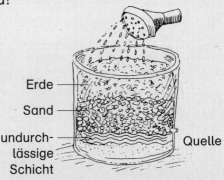

1 Teller mit Wasser	Schüssel mit warmem Wasser, Topf mit Eis oder kaltem Wasser	durchsichtiger Becher mit Sand und Erde
Wasser verdunstet. Warme Luft nimmt das Wasser auf.	Wenn sich warme Luft abkühlt, gibt sie Wasser ab.	Wasser sickert bis zu einer undurchlässigen Schicht.

s. 54

Wie wird bei euch der Müll entsorgt?
Zeichne weitere Behälter in der entsprechenden Farbe! Benenne sie!

Weißglas
Lange Straße

Diese Dinge entstanden aus Abfällen. In welchem Behälter wurden die Abfälle
gesammelt? Ordne den Behältern zu, was aus dem Müll wieder hergestellt wurde!

Getränke

Blumenkästen

Toiletten-papier

Müller-Transporte

Wo bleiben Batterien,
Bioabfälle, Farbreste
und Medikamente?

Farbe

Sortiert den Inhalt des Mülleimers eurer Klasse!
Stellt die für eure Klasse notwendigen Behälter auf!

Wie könnt ihr euren Müllberg verkleinern?

_____

_____

_____

Überprüft eure
Abfallbehälter zu Hause!
Was stellt ihr fest?

Ich benutze auch
die Rückseiten
alter Arbeitsblätter.

Ich kaufe keine
Getränkedosen.

Zeichne den Grundriss von Gegenständen aus deiner Federmappe!
Lass deinen Partner raten!

Ordne den Gegenständen den richtigen Grundriss zu! Verbinde sie durch Linien!

Auf Landkarten und Stadtplänen werden für Grundrisse Zeichen verwendet.
Stelle weitere Dinge dar! Erfinde dafür Kartenzeichen!

Kirche	Laubbaum		

Auf Schatzsuche

Gehe von der Kirche aus nach Süden bis zu einer Häuserreihe! Laufe an den Häusern in östlicher Richtung entlang! Danach wende dich nach Norden! Gehe an der Ostseite des Bades entlang bis du über eine Brücke kommst!

Nimm den ersten Weg nach der Brücke in nördliche Richtung bis du einen See erreichst!

Mit einem Boot setze in nördlicher Richtung auf die Insel über! Durchquere den Wald in Richtung Nord-West! Am Waldrand findest du den Schatz. Markiere die Fundstelle!

Wie könnte der Schatz aussehen? Male ihn!

Zeichne eine Legende zu der Schatzkarte! Male die Kartenzeichen farbig aus, damit jeder die Karte lesen kann!

Stelle selbst eine solche Schatzkarte her! Fertige auch eine Legende dazu an!

Hier kannst du die Wegbeschreibung einkleben!

Beschreibe für deinen Partner den Weg zum Schatz! Klebe die Beschreibung ein!

Sich mit dem Kompass orientieren

Beschrifte die Teile!
Ergänze die Himmelsrichtungen auf dem Stellring!

_____

_____

_____

_____

Schreibe auf, welche Menschen sich mit Hilfe eines Kompasses orientieren!

_____

Übe mit einem Kompass!

Stelle dich auf den Schulhof! Bestimme die Himmelsrichtung! Welche markanten Punkte siehst du dort? Zeichne oder schreibe sie hier ein!

Ihr könnt das Spiel spielen: Ich sehe etwas, was du nicht siehst, das liegt nordöstlich ...

Gestalte einen Wegweiser für deinen Heimatort!
Auf welche interessanten Orte könnte er hinweisen? Trage sie ein!

Lege Karteiblätter für Sehenswertes in deinem Heimatort an!

Mein Heimatkreis

Steckbrief für _____

Male oder klebe eine Ansichtskarte von deinem Heimatkreis auf!

Wappen

Schreibe auf, welche Besonderheit deines Heimatkreises auf der Karte zu sehen ist!

_____

_____

Schreibe hier Besonderheiten deines Heimatkreises auf! Stelle dazu Karteikarten her!

Verkehrswege

Flüsse/Seen

Feste/Bräuche

Sehenswürdigkeiten

Persönlichkeiten

Kreisstadt

Male oder schreibe deine Erinnerungsstücke in die Kramkiste!

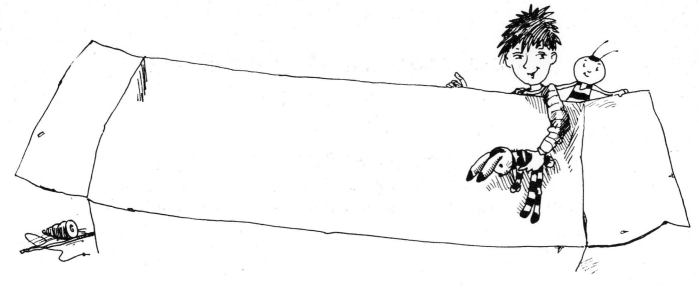

Wenn ich mir _____ ansehe, denke ich an

_____

_____

An welche Begebenheiten aus deinem bisherigen Leben möchtest du dich erinnern?
Sammel Informationen für dein Lebensleporello und trage diese auf die Notizzettel ein!

Mitteleinlage zum Herausnehmen

Bringe einen großen Briefumschlag mit!
(DIN C4, wie dein Zeichenblock)
Darin kannst du die Seiten und Spielpläne aufbewahren.

Arzt

Berufe

Schäfer

Töpfer

Poesiealbum

Mein Wiesenbüchlein

Zaunwicke

Rotklee

Knäuelgras

Brennnessel

Klatschmohn

Hirtentäschelkraut

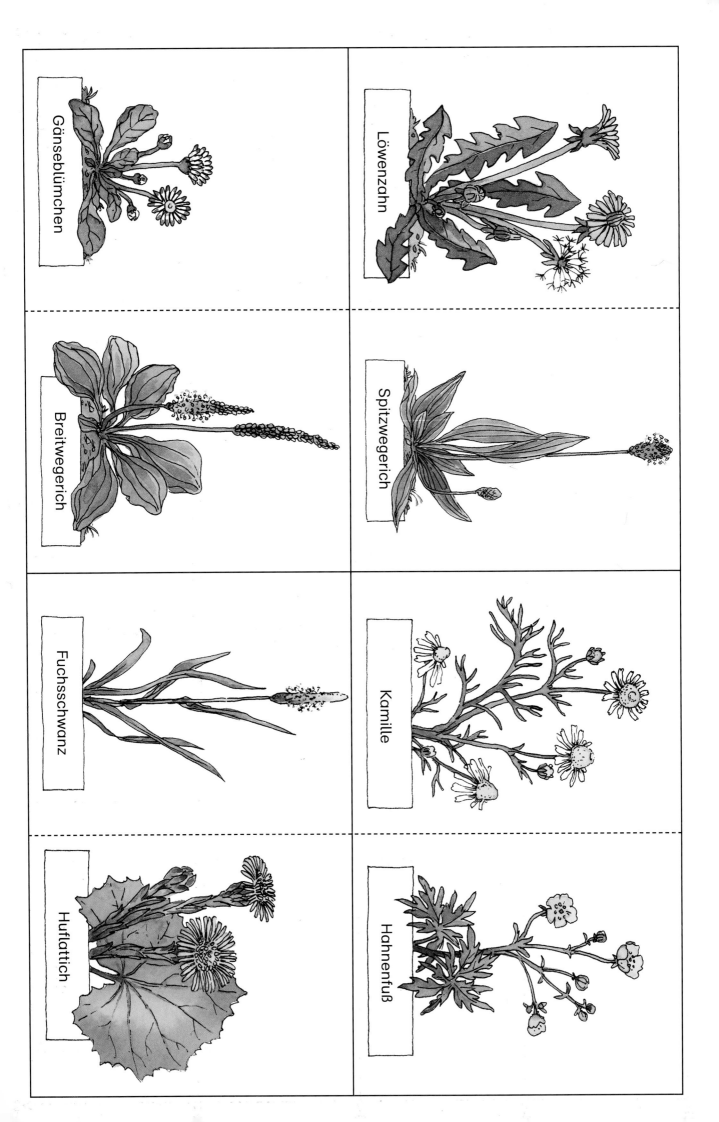

Gänseblümchen

Löwenzahn

Breitwegerich

Spitzwegerich

Fuchsschwanz

Kamille

Huflattich

Hahnenfuß

Mein Tierbüchlein

Kohlweißling

Hummel

Wespe

Kleiner Fuchs

Zitronenfalter

Mücke

Marienkäfer

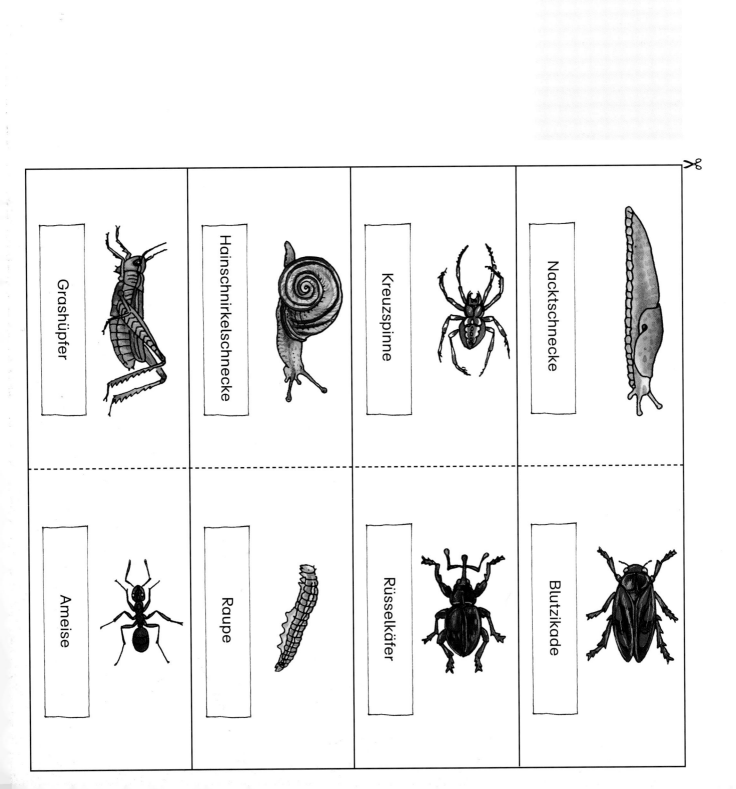

Grashüpfer

Hainschnirkelschnecke

Kreuzspinne

Nacktschnecke

Ameise

Raupe

Rüsselkäfer

Blutzikade

Mein Heimatort
Mein Heimatkreis

Pflanzen auf
der Wiese

Bläuling
männlich ♂

Bläuling
weiblich ♀

Insekten

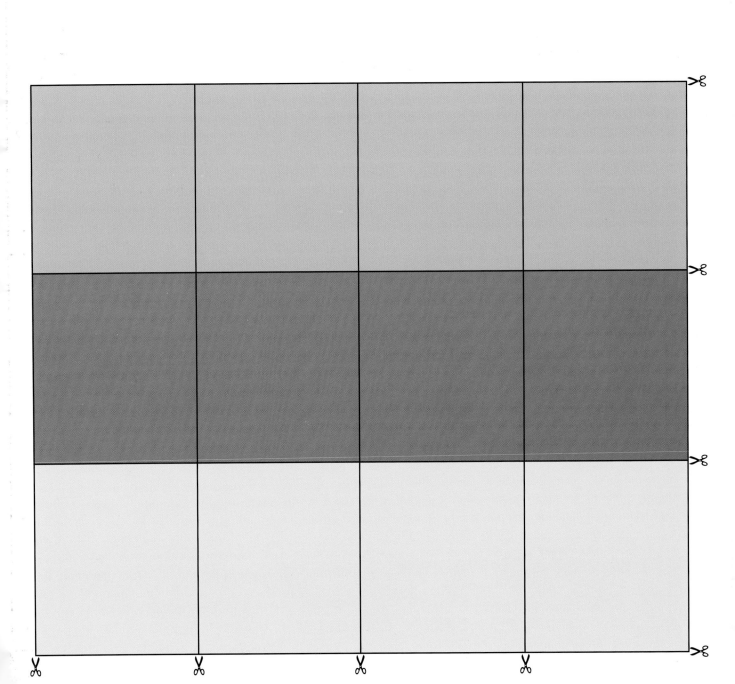

Nenne drei einheimische Getreidesorten! +1	Erkläre den Namen Hirtentäschelkraut! +1	Das Wettter ist gut. Die Pflanzen wachsen kräftig. +1
Nenne zwei Geräte, die früher zur Getreideernte benutzt wurden! +1	Woran erkennt man die Anwesenheit des Maulwurfes auf der Wiese? +1	Ein Wetterumschwung steht kurz bevor. Alle Tiere suchen Schutz. -1
Nenne die Namen für Eltern und Kinder des Schafes! +1	Stelle als Pantomime ein Tier dar, das auf der Wiese lebt! +1	Die Wiese ist mit einem Unkrautvernichtungsmittel besprüht worden. Viele Pflanzen gehen ein. -1
Nenne zwei Tiere, die im Wiesenboden leben! +1	Warum sind Insekten für die Pflanzen wichtig? +1	Der Wind ist so stark, dass die Schmetterlinge sich nicht paaren können. -1
Nenne einen Grund für die Nützlichkeit des Regenwurmes! +1	Auf der Wiese leben viele Insekten, die den Blütenstaub von Pflanze zu Pflanze tragen. +1	Alle Brennnesseln und Disteln sind ausgerissen. Schmetterlinge finden keine geeignete Pflanze für ihre Eiablage. -1
Nenne zwei Körpermerkmale, die die meisten Insekten gemeinsam haben! +1	Die Kinder haben viele Briefe und Bilder an die Stadt geschickt, um ein großes Wiesenstück zu erhalten. +1	Es hat wochenlang nicht geregnet. Viele Pflanzen sind vertrocknet, das Futter wird knapp. -1
Nenne die Namen von zwei verschiedenen Käfern, die du auf Wiesen finden kannst! +1	Ich konnte meine Familie davon überzeugen, dass einige Brennnesseln im Garten stehen bleiben sollen. +1	Eine Büchse wurde achtlos weggeworfen. -1
Nenne die Namen von zwei verschiedenen Schmetterlingen, die du auf der Wiese sehen kannst! +1	Kinder haben Frühjahrsputz auf der Wiese gemacht und alle Büchsen und Glasscherben weggeräumt. +1	Die Wiese wird von einem Gewitterguss überschwemmt. -1

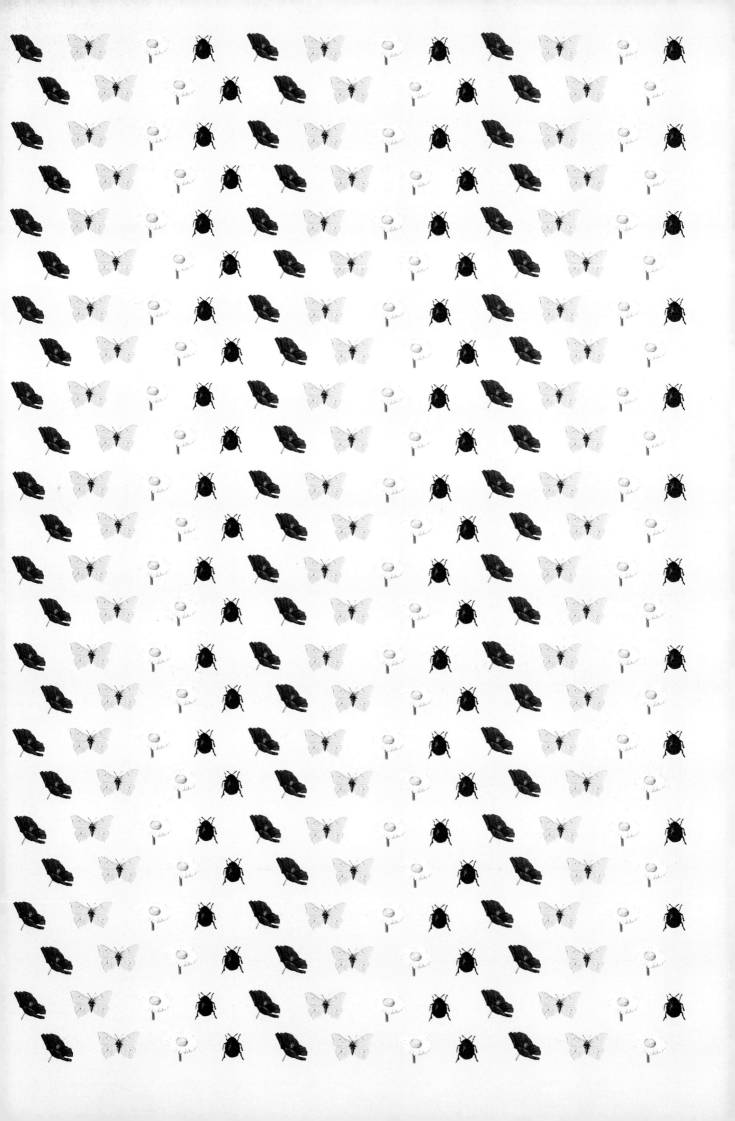

Meine Zeitdose

Auf der Zeitschnur kannst du Ereignisse festhalten, an die du dich besonders gern erinnerst. Trage zunächst deine Lebensdaten ein!
Nun kannst du Geburtsdaten von Familienmitgliedern und Freunden eintragen.

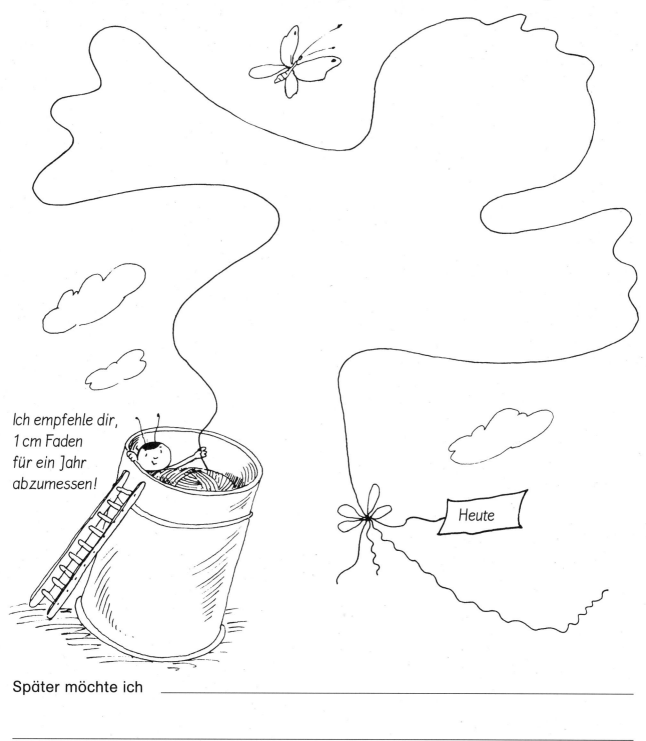

Ich empfehle dir, 1 cm Faden für ein Jahr abzumessen!

Heute

Später möchte ich _____

_____

_____

_____

Vergleiche die abgebildeten Schulsachen mit denen, die du heute hast!

_____

_____

_____

a	A	b	B	c	C	d	D
e	E	f	F				
g	G	h	H	i	I	j	J
k	K	l	L				
m	M	n	N	o	O	p	P
q	Q	r	R				
s	S	t	T	u	U	v	V
w	W	x	X				
y	Y	z	Z				

Kennzeichne mit
einem Pünktchen die
Buchstaben,
die du für deinen
Namen brauchst!
Schreibe ihn auf
die Tafel!

Weben

Auf dieser Seite wird der Beruf des Webers vorgestellt.
Ein Weber stellt Gewebe her.

Ein Gewebe ist ein Gitter aus Fäden.
Es besteht aus Kettfäden und Schussfäden. Der Weber führt so wie hier
abgebildet mit dem Weberschiffchen
den Schussfaden durch die
Kettfäden.

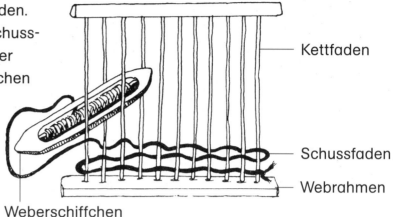

Kettfaden

Schussfaden

Webrahmen

Weberschiffchen

Auf dem Foto siehst du
Frau Tröger. Sie ist
Weberin und arbeitet
in einer Werkstatt am
Webstuhl.

Das Weben auf dem Webstuhl ist eines der ältesten Hand-
werke. Früher haben die Menschen damit Stoffe für ihre
Kleidung hergestellt. Heute entstehen meist Einzelstücke
wie Tischdecken, Wandbehänge und Servietten.

Heute werden die
meisten Gewebe mit
Maschinen in Textil-
fabriken hergestellt.
Der Weber achtet
darauf, dass die
Maschinen fehlerfrei
arbeiten. Für 12 bis
24 Maschinen trägt er
die Verantwortung.

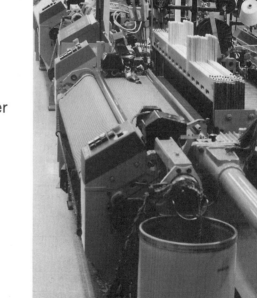

*Mit einer modernen
Webmaschine werden
in einer Stunde etwa
20-mal so viel Gewebe
wie an einem Webstuhl
hergestellt.*

Unterstreiche wichtige Angaben im Text! Sammle sie in der Berufskartei!
Informiere dich über einen Handwerksberuf in deiner Umgebung!

Erfinde eine Zukunftsmaschine! Zeichne sie! Du kannst sie auch als Modell bauen.

Du möchtest deine Maschine anderen empfehlen.

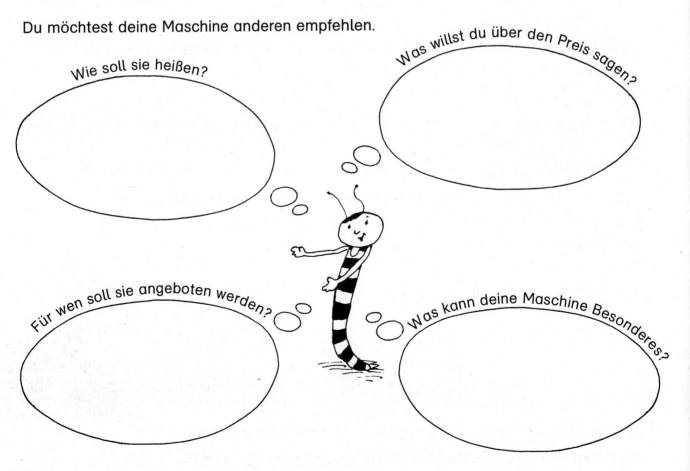

Wie soll sie heißen?

Was willst du über den Preis sagen?

Für wen soll sie angeboten werden?

Was kann deine Maschine Besonderes?

Wir machen Werbung

Werbung informiert und beeinflusst Menschen. Sammle Werbesprüche, die dir aufgefallen sind!

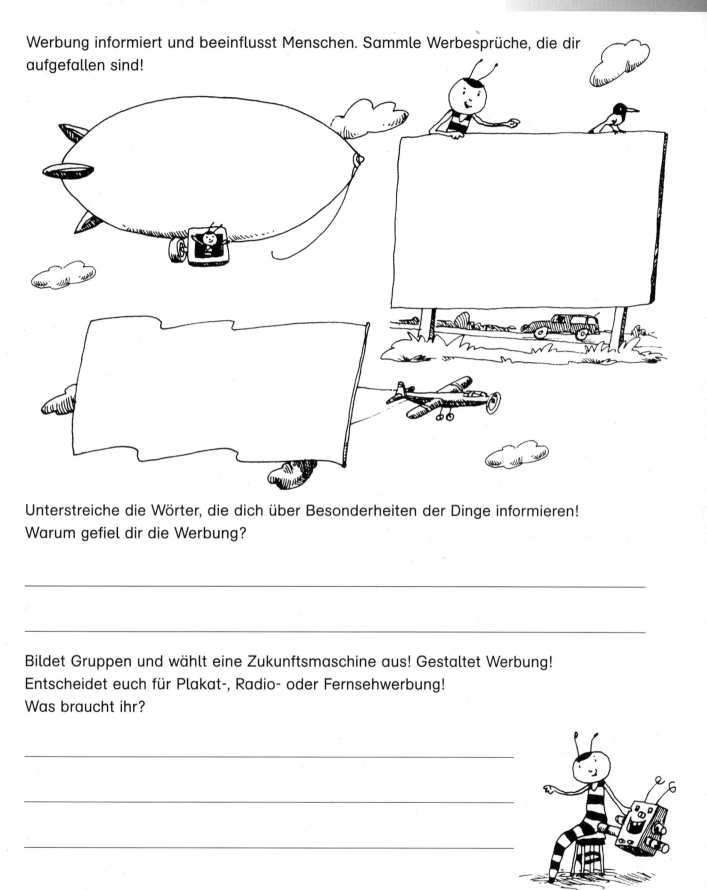

Unterstreiche die Wörter, die dich über Besonderheiten der Dinge informieren!
Warum gefiel dir die Werbung?

_____

_____

Bildet Gruppen und wählt eine Zukunftsmaschine aus! Gestaltet Werbung!
Entscheidet euch für Plakat-, Radio- oder Fernsehwerbung!
Was braucht ihr?

_____

_____

_____

_____

Stellt eure Werbung vor! Was hat dir bei den anderen gut gefallen?

Überprüfe Gegenstände in deiner Umgebung, ob sie von einem Magneten angezogen werden!

Gegenstand	Stoff/Material	Vermutung	Ergebnis

Bei welchem Abstand wird der Gegenstand angezogen?

Teste mit einem Magneten unterschiedliche Gegenstände!

Teste die Stärke unterschiedlicher Magneten an einem Gegenstand!

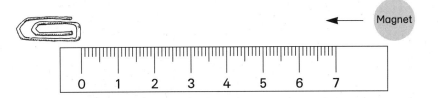

← Magnet

Eine Büroklammer unterwegs

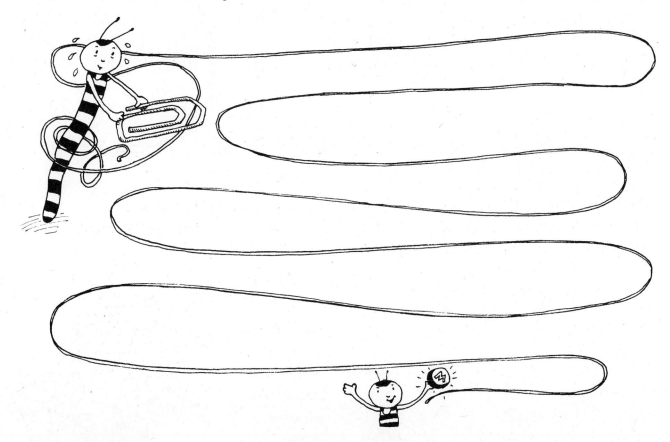

Halte den Magneten unter das Blatt und führe die Büroklammer auf dem Weg entlang! Wie viel Zeit benötigst du? Spiele mit deinem Partner um die Wette!

Der Löwenzahn

S. 78

Beobachte über einen längeren Zeitraum einen Löwenzahn und halte alle Veränderungen in der Tabelle fest!

beobachtete Veränderungen	Woche	Woche	Woche	Woche	Woche
Male das Aussehen einer Blüte!					
Miss die Länge eines Stängels!					
Zähle die Anzahl der Blüten!					

Klebe einen Samen des Löwenzahns ein!

Betrachte die Samen unter einer Lupe! Zeichne deine Beobachtung hier ein!

Denke dir eine Methode zum Zählen der Samen eines Löwenzahns aus!
Schätze die Anzahl der Samen und zähle sie dann bei mindestens zwei Blumen!
Tauscht euch aus! Was stellt ihr fest?

	geschätzt	gezählt
1. Versuch		
2. Versuch		

Male diesen Löwenzahn aus! Zerreibe Blüten und Blätter des Löwenzahns auf dem Papier!

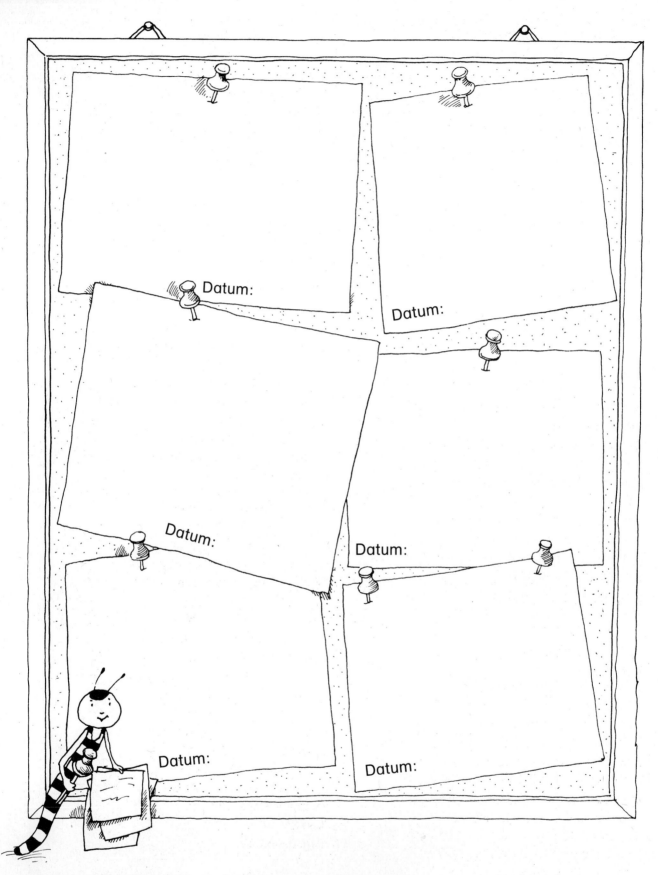

Markiere die Frage, auf die du eine Antwort gefunden hast!

Wo oder von wem hast du Antworten erhalten?

Schneesturm im Glas

Du brauchst: Glas mit Deckel, Knete, Wurm von Mitteleinlage E, Selbstklebefolie, Kunstschnee, Wasser, Spülmittel

So wird's gemacht: Wurm mit Folie beziehen, mit Knete auf Deckel feststecken. Wasser mit ein paar Tropfen Spülmittel in ein Glas geben, dazu ein wenig Kunstschnee, Deckel aufschrauben.

Tipp: Kunstschnee aus Bastelladen! Wenn Wurm nicht foliert werden kann, dann besser aus Knete fertigen.

Insektensauger

Du brauchst: Filmdose, ein Stück Damenstrumpf, einen dünnen und einen dickeren Plastikschlauch

So wird's gemacht: In Filmdosendeckel und -boden Löcher in Größe der Schläuche einschneiden. Strumpf unter den Deckel klemmen, Schläuche einstecken.

Tipp: Dickere Schlauchöffnung über Käfer halten, am dünneren Schlauchende saugen. Zum Betrachten Käfer auf Papier oder einen Deckel geben. Beachte! Insekten sind Lebewesen!

Weben

Du brauchst: Pappe, Fäden, Garn, Wollreste o.ä., Nadel

So wird's gemacht: Pappe in gewünschtes Format schneiden und Kerben für Kettfäden einschneiden (ungerade Zahl). Kettfäden umwickeln, mit der Nadel Schussfäden durchziehen und aneinanderdrücken. Kettfäden auf der Rückseite mittig durchschneiden und verknoten.

Tipp: Es eignen sich auch Schnürsenkel und Geschenkbänder.

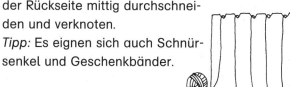

Hüte bauen

Du brauchst: Zeitungspapier, Klebeband, Schere, Farbe

So wird's gemacht: Zeitungspapier über Kreuz aufeinanderlegen, auf den Kopf eines Partners legen und mit Klebeband den Kopf umfahren. Hutkrempe stehen lassen, überstehendes Papier abschneiden, mit Zeitungspapier und Klebeband den Hut weiter gestalten. Zum Schluss bemalen oder besprühen.

Schwebender Hannes

Du brauchst: Tisch, Decke

So wird's gemacht: Kind legt sich mit Rücken auf den Tisch, zwei Kinder legen langsam eine Decke darüber. Kind dreht sich währenddessen auf den Bauch. Zauberformel sprechen. Kind stützt sich auf Hände und Knie und hebt so die Decke an. Ein Bein ist gestreckt.

Rasende Dose

Du brauchst: Toilettenpapierrolle, 2 Pappscheiben, Holzperle, Gummi, Schaschlykstab, abgebrochenes Streichholz, Kleber

So wird's gemacht: Gummi durch Pappscheibe ziehen. Mit Streichholz vor Durchziehen sichern. Pappscheibe auf Rolle kleben. Gummi durch 2. Pappscheibe und Holzperle ziehen, Scheibe festkleben. Holzstab durch Gummischlaufe ziehen und befestigen.

Tipp: Durch Drehen des Holzstabes wird Gummi in Rolle gespannt. Rolle wird beim Ablegen auf den Boden zur rasenden Rolle.

Schlangenbeschwörer

Tipp: Schlange und Flöte mit Angelsehne verbinden!

Zeitreise

Fliegt durch die Zeit!
Fliegt durch die Vergangenheit (grün), Gegenwart (rot) und Zukunft (gelb)! Trefft euch im Heute zum gemeinsamen Leben, Lernen und Spielen!

Ihr braucht für 4 Mitspieler:
- Spielplan
- Fragekärtchen
- nach Farben geordnete Zeitkarten
- Würfel
- Spielfiguren

Spielregel:
Jeder stellt seine Spielfigur auf ein **blaues Feld!**
Würfelt! Setzt in eine beliebige Richtung!
Kommt ihr auf ein **farbiges Feld,**
➡ Fragekärtchen ziehen! Nur, wenn Frage richtig beantwortet wurde, dürft ihr Zeitkarten in der gewürfelten Farbe nehmen. (Achtung! Pro Farbe nur zwei Zeitkarten sammeln!)
Kommt ihr auf ein **Feld mit ausgefülltem Quadrat,**
➡ besteht Tauschzwang. Ein von euch gewählter Mitspieler muss seine Zeitkarte tauschen. (Achtung! Nur gleiche Farben tauschen!)
Kommt ihr auf ein **Feld mit leerem Quadrat,**
➡ könnt ihr einem Mitspieler ein Tauschangebot unterbreiten.
Kommt ihr auf ein **Loch des Zeittunnels,**
➡ müsst ihr nach oben oder unten in eine andere Zeit fliegen.

Auf diese Weise sammelt ihr Zeitkarten, die aus jeweils zwei Teilen eines Bildes aus der Vergangenheit, Gegenwart und Zukunft bestehen. Mit drei kompletten Bildern dürft ihr ins Heute eintreten!

Das Spiel endet, wenn sich alle im Heute getroffen haben.

Die Wiese lebt

Helft mit, dass es so bleibt! Lasst sie erblühen!

Ihr braucht für 4 Mitspieler:
- Spielplan
- Wiesenblumen
- Spielkarten
- 2 Paare von den Tierfiguren
- Würfel

Spielregel:
Entscheidet euch für zwei Tierarten!
Jeder Spieler zieht ein Tier.
Die Spieler mit der gleichen Tierart sind Spielpartner. Sie wollen ihr Tierpaar über die Eintrittsfelder auf den schönsten Teil der Wiese bringen, wo es sich für alle Tiere gut leben lässt.
Beginnt so: Jeder Spieler stellt seine Spielfigur auf ein Startfeld.
Würfelt! Geht im Uhrzeigersinn den Wiesenweg entlang! Kommt ihr auf ein **farbiges Feld,**
➡ Spielkarte ziehen!
Auf der Spielkarte steht, wie viele Wiesenblumen ihr erhaltet oder abgeben müsst. Legt die Blumen auf dem Wiesenstück ab, das zu eurem Tier passt! So bringt ihr die Wiese zum Blühen.
Feindfeld
➡ Feinde bedrohen euer Tier. Gebt 4 Blumen ab!
Pflanzenfeld
➡ Nennt den Namen und setzt auf das andere dazugehörige Pflanzenfeld! Ihr erhaltet ein Blumenkärtchen.
Eintrittsfeld
➡ Über das Eintrittsfeld könnt ihr euer Tier auf den schönsten Teil der Wiese bringen, wenn ihr schon viel für das Leben auf der Wiese getan und mindestens 4 Blumen auf euerm Wiesenstück gesammelt habt.
Wohl fühlt sich euer Tier erst, wenn sein Partner da ist. Deshalb spielt ihr so lange, bis beide Figuren eines Paares im Ziel angelangt sind.

Gewonnen hat das Tierpaar, das es geschafft hat, zum schönsten Wiesenstück zu kommen.

Berufsbezeichnung: _____

Welche Aufgaben _____
sind zu erfüllen?

_____

_____

Welche Geräte oder
Werkzeuge werden genutzt? _____

_____

Was ist an diesem
Beruf beeindruckend? _____

_____

_____

Welche typische Arbeitskleidung
wird getragen? _____

Hexentreppe mit ca. 60 cm langen Streifen falten.

3

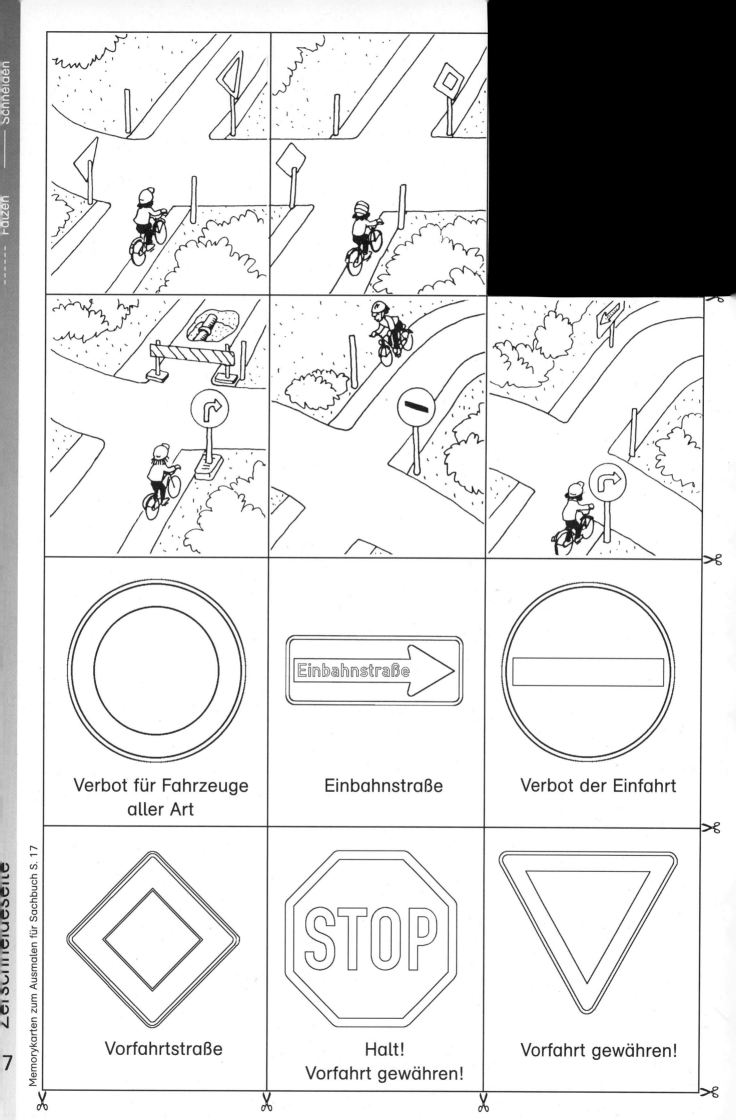

Verbot für Fahrzeuge
aller Art

Einbahnstraße

Verbot der Einfahrt

Vorfahrtstraße

Halt!
Vorfahrt gewähren!

Vorfahrt gewähren!

Memorykarten zum Ausmalen für Sachbuch S. 17

Mini-Merker Sachbuch S. 30

Erste-Hilfe-Mini-Merker

Sachbuch S. 43

Schaf auf doppelt gefaltete Pappe kleben, ausschneiden, mit Wolle den Bauch umwickeln, Schaf aufstellen

Schürf-wunden

Bisswunden von Tieren

Kopf nach vorn! Im Nacken kühlen!

Schnitt-wunde am Finger

Kaltes Wasser darüber laufen lassen.

Stachel mit Pinzette heraus-ziehen!

Insekten-stich

Pflaster! Hand hochhalten!

Sofort zum Arzt!

Pflaster oder Wundkom-presse

Brand-wunden

Nasen-bluten

Auflösung von S. 23

Bilder für Heft S. 8

Name: _____

	Blütenfarbe:	Blatt:
Größe:	Blütezeit:	

Interessantes: _____

_____

_____

Musterseite für Pflanzen auf der Wiese S. 36

Name: _____

	Lebensraum:
	_____
	_____
	Futter:
	_____
	_____
	_____

Junge: _____

Interessantes: _____

_____

Musterseite für Tierkartei S. 42

Vorlage für Fensterbilder, mit Filzstiften ausmalen, eventuell mit Speiseöl bepinseln, Sachbuch S. 37

Kleiner Fuchs

Blutzikade

Käfer

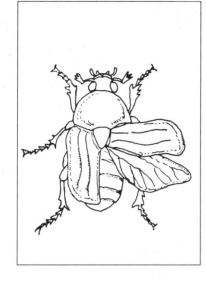

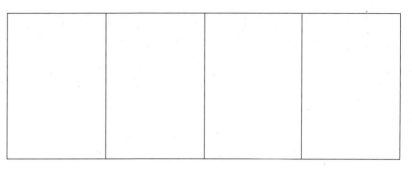

Marien-käfer	Rosen-käfer	Weich-käfer	Lauf-käfer

Diese habe ich gesehen:

Karteikarte Sachbuch S. 37, Käferfotos Mitteleinlage E

Schmetterlinge

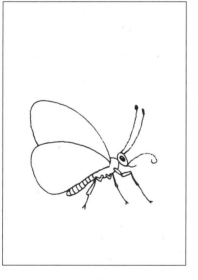

männlich ♂

weiblich ♀

Kohl-weißling	Bläu-ling	Zitronen-falter	Kleiner Fuchs

Diese habe ich gesehen:

Karteikarte Sachbuch S. 37, Schmetterlingsfotos Mitteleinlage E

Beobachte eine Schulwoche lang das Wetter!

Trage deine Beobachtungen in die Wettertabelle ein! Vergleicht eure Tabellen!

	Tageszeit	Montag	Dienstag	Mittwoch	Donnerstag	Freitag
Tempe-ratur						
Bewölkung						
Nieder-schlag						
Wind						

Name: ....

Fragebogen zum Wiesenbild

Nr.	Pflanzenname	Merkmale					
1							
2							
3							
4							
5							
6							
7							

Nr.	Pflanzenname	Merkmale
8		
9		
10		
11		
12		
13		
14		
15		

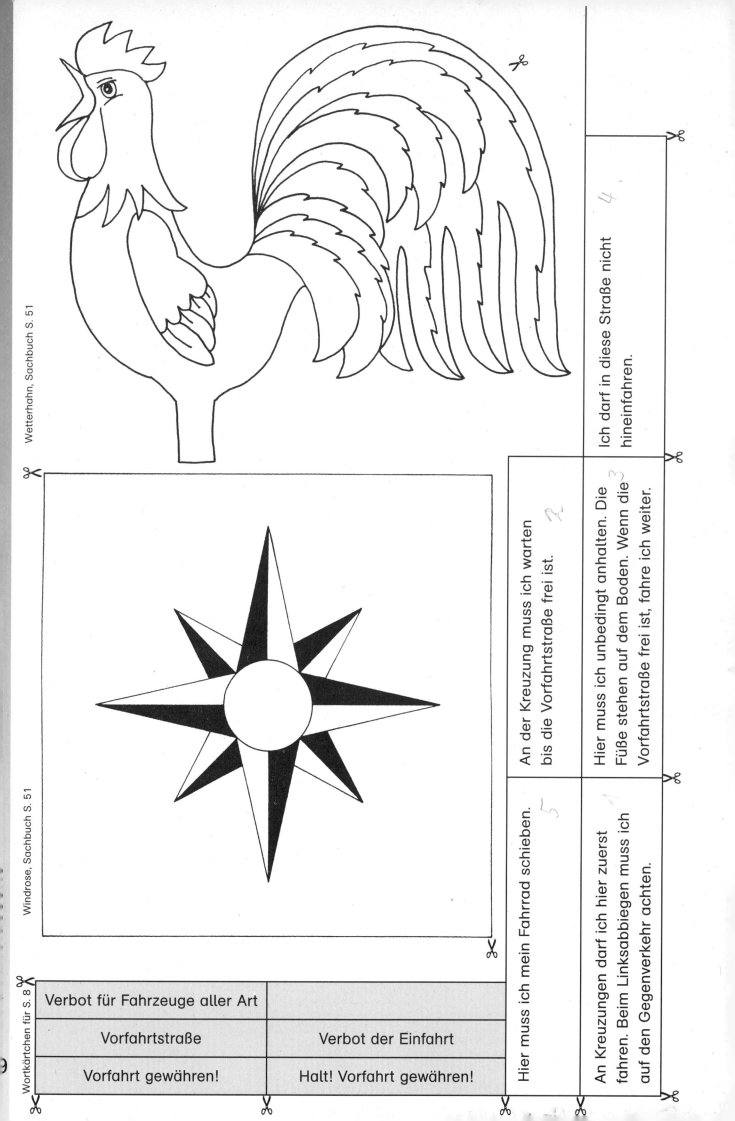

Verbot für Fahrzeuge aller Art	
Vorfahrtstraße	Verbot der Einfahrt
Vorfahrt gewähren!	Halt! Vorfahrt gewähren!

Ich darf in diese Straße nicht hineinfahren.

4

An der Kreuzung muss ich warten bis die Vorfahrtstraße frei ist.

2

Hier muss ich unbedingt anhalten. Die Füße stehen auf dem Boden. Wenn die Vorfahrtstraße frei ist, fahre ich weiter.

3

Hier muss ich mein Fahrrad schieben.

5

An Kreuzungen darf ich hier zuerst fahren. Beim Linksabbiegen muss ich auf den Gegenverkehr achten.

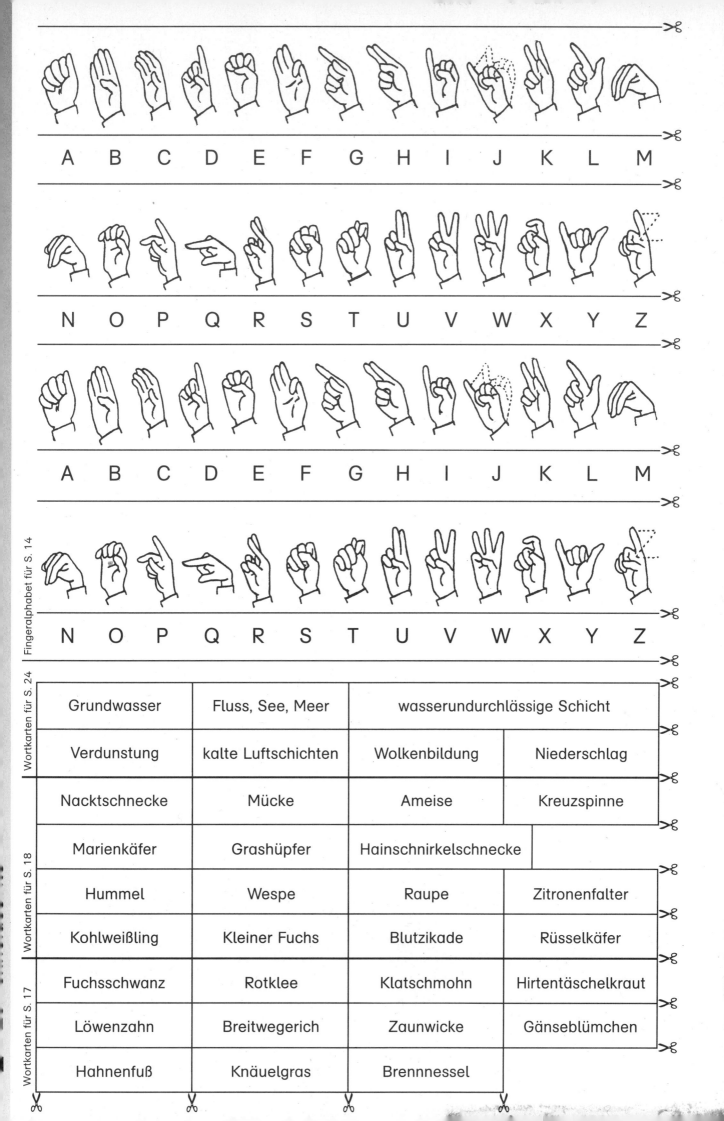

A B C D E F G H I J K L M

N O P Q R S T U V W X Y Z

A B C D E F G H I J K L M

N O P Q R S T U V W X Y Z

| Grundwasser | Fluss, See, Meer | wasserundurchlässige Schicht | |
| Verdunstung | kalte Luftschichten | Wolkenbildung | Niederschlag |

Nacktschnecke	Mücke	Ameise	Kreuzspinne
Marienkäfer	Grashüpfer	Hainschnirkelschnecke	
Hummel	Wespe	Raupe	Zitronenfalter
Kohlweißling	Kleiner Fuchs	Blutzikade	Rüsselkäfer

Fuchsschwanz	Rotklee	Klatschmohn	Hirtentäschelkraut
Löwenzahn	Breitwegerich	Zaunwicke	Gänseblümchen
Hahnenfuß	Knäuelgras	Brennnessel	

Fragekarten für das Spiel „Zeitreise", fertigt weitere Karten an, klebt sie vor dem Zerschneiden auf farbiges Papier!

Wie nennt man den Ort, wo Gegenstände der Geschichte ausgestellt sind?	Nenne drei Arbeitsmittel, welche früher in der Schule verwendet wurden!	Nenne Gegenstände in deinem Klassenzimmer, die ihr schon seit der 1. Klasse habt!
Nenne Gegenstände in deinem Klassenzimmer, die seit diesem Schuljahr neu sind!	Wie alt ist dein Füller?	Welche Fernsehsendung hast du gestern gesehen?
Was hast du zum letzten Geburtstag geschenkt bekommen?	Was wirst du dir zu Weihnachten wünschen?	Nenne Dinge, die dich an Vergangenes erinnern!
Nenne Gegenstände in deinem Klassenzimmer, die alt sind!	Welche alten Handwerke kennst du?	Wie viele Tage sind es bis zum Wochenende?
Wie viele Tage sind es bis zum Monatsende?	Wo wird heute für Produkte geworben?	Wie alt ist deine Schule?
Wann ist der letzte Mitschüler neu in deine Klasse gekommen?	Wann wurde der Kompass erfunden?	Wann hast du heute Schulschluss?
Wann hast du heute gefrühstückt?	Wie lange bist du heute schon in der Schule?	Wann gehst du heute nach Hause?